최류민 詩集

# 시와 창조

# 목차

## 1부. 사랑의 궤도

## 2부. 사랑의 약속

# 3부. 꽃이 피면

## 4부. 작은 꿈

# 1부.

# 사랑의 궤도

# 사랑의 궤도

태양의 열기가 식어선
사랑한 궤도를 이탈 중이라면
어찌리

운산 제 곁에 하얀 숨결들이
바람에 흩어져
거친 바다 위를 휘돌던
파도의 항변들로 우짖다가

심연에 든
고귀한 발아의 씨앗이야
깊은 잠이 든다 한들
또 다시
돌아올 애 옥에 눈빛 밝은데

조약돌이 움켜진
영혼의 회로도와 같이
진화론에 돋고
별 망 가지런히 달빛 부르튼들

자전의 그림자는
임 가슴 살며시 두드리며
존재를 알린 신성한 꿈으로
공존하는 틀 속에 갇혀 부재중인걸

사랑의 궤도 따라
눈물만 흘리던 비밀의 문 열고
나도 어느새
그
이 품에 앓고 있음을 어찌할까나.

# 눈빛만 보아도 안답니다

잊을 수 없는 나의 사랑이라면
어이 하겠습니까

그댈 생각할 때면 마수에 걸린 듯
가슴은 뜨겁게 타오르고

눈물로 헤아리는 온기인 것이
유유자적하며
왜 이리 마음을 시리게만 하는지요

부질없는 꿈처럼 푸른 들판을
헤집고 다니는 꽃 바람 이였다가

억 겁의 세월까지 사랑한 기억들로
이 내 가슴은 요동치고

가끔 억누를 수 없는 감성조차
복받쳐 피어오르는 추억의 온실인양

요람에든 애정까지 그리워서
언제나 행복의 원천이라는 것이
그대 사랑의 열정으로
눈빛만 보아도 알아야 했습니다.

# 꿈의 향연

천지 조화로운
향 혼 유속에 반한 유성이여

그리운 숨결로
사랑한 마음이 부르틀 제

바위에 기대선 별 밤이고
유혹하던 님 향수야

선녀의 꿈속에나 밝혀둘까

하늘을 올려다보면
천상의 화음 귓전에 들고

영상에 잠긴 영혼의 향연
정념의 본능인 듯 앓고 나선

달콤한 육성으로 토해낸
애욕의 숨소린
운명 같은 제 꿀 향기 채워질라.

# 달밤에 심은 뜻은

하늘에 뜻을 거스른
비린 영혼이 원죄이어서
봄바람, 향기도
등을 돌린들 서운 다 마오

씨는 뿌린 대로 거두는 법
유랑에 떠도는 예언들이
썩은 가슴을 헤집어

심장을 도려내 듯
붉은 피를 재단에 올려놓고
돌아갈 운명 같아도 서럽다 하지 마오

구름에 흘러가듯 유언을 남겨도
도미노처럼 무너질
현실이 안타까워

새 생명을 잉태한 알을 품고
부드러운 손길로
믿음이 충만한 고운사랑 심을 수밖에

달밤을 섬긴 뜻은
덧나 신음하는 상처들을
치유하여 달라

비단 금실로
수를 놓고
청산에 익혀둔 임 사랑일랑 잊지 마오.

# 사랑하기에

외로운 이 밤하늘마저
왜 이리 슬피 우시나요

시린 마음은 꽃다발 안고
눈물 적신 사랑의 숨결
누가 이맘 알아주려나

초라한 꿈길 걷다 보면
임 생각에 고독을 잊고
나만의 세상은 노을빛 드니

유랑 길 떠돌던 그리움
목젖에 걸려
이 밤 또 지새울까만

사랑은 실바람 타고
올 것만 같아
하염없이 뜬구름만 바라보니

사랑하기에 사랑했기에
무심에 차오르는 이 밤
어느새
임 이와 함께 울려 마시고 있네.

# 하얀 숨소리

사랑으로 응축된
무형의 자산인 눈물로
해와 달을 보았습니다

행복한 가슴으로
미지의 세상을
정의롭게 불꽃같이 세우고

꽃 피는 봄날처럼
향기로 위
겨울비도
밤새 꿈을 내렸나 봅니다

밥알을 새던 기억들은
축복 같은 진리로
부리를 쪼아
그 얼마나 사랑했는지

양심의 가치는
보석같이 빛이냐고
무형의 자산인 눈물들이
임 사랑에 짐이 든답니다.

# 너와 나

사랑, 영혼으로 밝혀 던 우리
순환하는 임면의 빛 엮어
비바람 부딪치며 첩첩이 살아가는
인생과 달라

부푼 육성을 뚫고 젖은 목소리 울려
그리운 말로
땅끝 걷거나 하늘 날아도
물꼬 괘여 길을 만들고
너와 나 하나 되어 제목 다스리지

운명에 뒤섞인 사랑 어르며
별꽃이 쏘아
백옥같은 미소 입가에 걸렸나

그리움은 너의 죄 사랑은 나의 죄야

원죄로 널 따라
사랑탑 건네준 달빛 내려와
발등에 박혀
가득 채운 향기로 너와 내 가슴에 산다.

# 걸었네

언제나 숙성된 그리움은
별이 되고
달이 되고픈 것
흰 구름에 말없이 부풀어도

심금을 울리는 노랫소린
내 가슴 파고드는데
온유함 드러낸
심열은 임의 향기일까

온정에 잠든 장미의 영혼
나그네 마음 홀쳐
꾸며놓은 무대 위로
향수가 머문 사랑에 깃들고

눈빛은 녹아
햇살로 피워둔 열정이 좋아서
하얀 구름 꽃 위를 걸었네.

# 사랑으로 임 품고

날 사랑한 가슴이 뜨겁거든
꼭 한번 뒤돌아보오
당신의 세상에 들어 유혹하던
나의 꿈이 밟히는지

낮은 밤이 되고 밤은 낮처럼 붉혀
눈물까지 껴 않을 향혼(香魂)은
거니는 길 위에
꽃같이 뿌려놓는 오색의 향기

유난히 빛난 그리움에
다소 곳 옷소매를 훌치며
부드러운 입술로 물던 당신의 환영
왜 이다지도 시릴까

유화(有花)의 강은
바라만 보다가
붉게 익힌 나그네의 청춘
끝없이 고운 당신의 사랑으로
노을빛 긷는 것이

산과 들로 바다로
유람에든 무지갯빛 가슴에 꽂혀
소원하는 나의 꿈은 마법을 걸고
하염없이 벗하여 임 사랑 품고 있다오,

# 그대는

나그네가 머문
햇살로
뜨거운 한 가슴

떠있는
뭉게구름같이 머물러선
사랑한 미로를 찾아

말없이 교감하며
유산처럼 건네준
그대의 미소

달빛 하늘에
행복을 심는 꽃 같아
아낌없이 사랑 한들 어떠리.

# 사랑이 아파해요

언제 그랬던 듯
살포시 숨죽여 앓던 것이
눈물로 맺혀지고
사랑한 마음이 허전한 것은
무슨 까닭일까요

사무치도록
그리움에 아파야 했고
눈물로 가시는 사랑을
헤집는 마음
왜 이다지도 아프단 말입니까

사랑이어서 그리움이 되고
그리움이어서 사랑한 것을

너무나 많이 아파서
너무나 많이 아파서

꿈속에서라도
그대 품에 안겨 잠시 나마
행복을 빌리면
이 열병은 바람같이 사라질까요

사랑한 죄인 것이
그리움에 죄인 것이.

# 그대의 강

청풍에 해지거든
노을진 언덕 기대고 서서
이른 별 따다 주었거니

서늘한 바람에
한껏 빗어
사랑을 맞잡은 듯
장미의 혼처럼 피어선

백옥같은
그대의 가슴에
하늘의 일심 드리우며

한 줄기 빛으로
천상이 밝으니
초연히 웃음 준들 어쩌리.

# 사랑의 진실만큼은

사랑의 진실만큼 이나
애틋한 까닭은
온몸에 피어두는 그리움이었어

힘들고 지칠 때에는
그대를 생각했고
어느 것 하나 비울 수 없는 향기로운 이야기

상기 될 때마다 감성에 젖는
소연한 영혼의 꽃이고
담아 두는 기억들은 아쉬움이 되는 것을

사랑의 상대좌표는 슬픔일까
꼭 알아야만 할 이유가 없어, 맺은 결실이라면
진실 하나로 앓아야 했던
무언의 가슴은 운명이라 치고

삶을 뒤섞어 보면
창조의 가치를 추구하는 절대적 존재
믿음 안에서 우러나는
아름다운 마음의 미학이 사랑이겠지.

# 첫 사랑

설레는 마음으로
소망을 담기 위한
향기 같아
하나의 심장에 살아가는
무언의 언약쯤은

여자라는 운명으로
남자라는 숙명으로

인연에 얽힌 사연도 많아
달빛 차고 흐르는 것이
꿈속에 차려 둔 행복일까

소복이 쌓이는 그 빛
별이 되어 있으며
가슴 한편에 선
작은 그리움에 울려 들어도
추억 속에 살던
숨 쉬는 사랑이라 하지.

# 사랑과 희망

고요 속에 잠들어 가는
노을빛을 보며
까닭도 없이 그리워만 했지요

투명한 마음속으로
하염없이 흘러 드는 하나의 길
홀로 지샌 밤마다
아롱 새겨진 여운에 머물고

영상처럼 떠오르는 그 빛을
당신의 품 안에 재우려 했건만
짧은 세상은 놓아 주질 않아
밤새 앓아야 했던 고독은요

작은 보 짐이라도 풀어 좋을 듯
자꾸만 아껴오는 그 모습
철 되면 찾아오는 봄처럼
피워두면 안 될 까닭도 없겠지요

꽃 같은 마음으로 환하게 웃다
지척에 둔 사랑이 오면
마냥 꿈인 줄만 알고
행복해 하면서 희망의 줄을 잡는다.

# 그대의 사랑과 행복

가슴속에 파고드는 뜨거운 절규
더는 어쩌지 못해
태우고 태운 영혼의 숨소리 젖는데
한 줄기 빛으로 지새우는 우리에 향기
아름답게 꽃피울 수 있으려나

싸늘한 들녘엔 허기진 세월의 동침
또다시 내일이면 잊을까 봐
견딜 수 없는 그리움 터트리고
상승하는 열기 입술로 쪼아
벅찬 가슴으로 얼마나 사랑했는가

주위를 맴돌던 바람들이
홀연히 사라지고서
신비롭게 쉬어간 꿈이 있는지도 몰라
어쩌면 가끔 코끝이 찡한 행복이
황홀한 가슴을 뜨겁게 달구고 있을지도.

# 당신은 아시나요

끝없이 빠져드는 이 그리움
수많은 별에 흔들려도 보지만
알면서도
눈물만 적시는 나
사랑 때문에 짓무른 가슴은 어찌할까요

깊은 침묵에 둥지를 틀고 앉자
관망하던
꿈결 같은 사연도
일상에 묻혀버린 흠모의 정
바람의 유언인들 꼭 알아야 했지요

눈물만 훔치고 허무에 휩싸인 밤
퇴적한 은하의 부름을 박차고
상념에 든
사랑은 쌓여만 가는데
백화에 서린 운명을 당신은 아시나요.

# 보고 싶은 사랑아

보고 싶어
하얗게 그려놓은
구름 따라 흐르고
고요한 강물처럼
깊은 밤에
달빛 차고 흘렀더냐

아! 바람아 구름아
여린 사모의 정
솟아오른 태양의 심장으로
외로움 달랜
너에게 든 는다

영영 변할 수 없는
빛의 향기로
둥지를 틀며
그리움 차지한 그날
사랑해 보고 싶을 네 모습이.

# 그리운 내 사랑아

얼마나 세월이 흘렀을까
그때 그 행복
잠시라도 비워두면 허무에 휩싸이고
그리움은 하늘 끝 닿아
먼 산에 진달래 향기 찾아드는데
추억 속에 물들면 어이하나

외로움 달랜 텅 빈 가슴
뒤척거리는
그림자 위로 삼아
그리워 그리워하다 눈물만 남기는
바람 같은 인연 이어서

푸른 강물에 달빛 어울리면
한 가슴 조이는
별들의 침묵 속에
살가운 메아리 소리 녹아들고
끝없이 임 사랑만을 품는다오.

# 그리움은 부서져도

한 줄기 빛으로
불꽃같이 피어서
하늘에 별로 뜨고

애정의 맑은 가슴
헤아려선
행복을 새겨둔 사랑

기뻐할 순간조차
산 넘고 물 건넌
보랏빛 향기로운 날들은

붉은 해돋이
견기지 못할 무게로
모래 성처럼
산산이 부서져도

멈출 수 없기에
물 흐르듯
그리움 다다르면
별빛 가슴에 숨어 살겠다.

# 그리움의 꽃

안개 자욱이 차오르는
아침 받치고선
해 오르기까지
아름다운 음악에 기울이는
그리움의 꽃 피워 두어야지

커피의 향기로 시를 읊다
신선한 가슴에 얹힌
그대 사랑의 노래 듣거든
별 헤라리던 달빛 향기
내 안에 수북이 담아서 좋아

입김으로 한 줌 떨어뜨린
은색의 소낙비가
예속된 인연 다스리며
하얗게 칠해버린
뭉게구름 같이 흘러 선

서늘하게 서 있는
외등의 눈을 밝히고
야한 밤에 찾고 나서는 그리움은
바람에 절어도
꽃같이 피워 웃는다지.

# 사랑의 추억

한 점 조각을
하늘에 새기며
빛은 내리고
사랑에 언어로 날리어도
무더운
추억으로 어쩔 수 없다

홍조 띤 태양
저 들판을
온열로 다스리며
이슬로 어린 것이
한낮 열기로 사라질까 봐

그리움 거르고
잉태하는 사랑의 언어들
가녀린 손끝에서
이 녘에 노을로 머문 추억은
쪽빛 향기로 젖어든다.

# 사랑의 연가

붉은 정열 가슴에 꽂혀
주옥같은 사랑의 향기
꽃망울 피우듯 행복에 젖고
어린 눈가엔
감미로운 미소가 걸렸지

온유한 달빛 땅끝 내려와
한마음 태우며
은빛 반짝이는
강물 위로 소리 내어
흐르는 게 사랑이야

봄의 향연에 꽃이 만발하여
아! 호흡하듯 안긴
애정 일 량
사랑의 연가로
나의 가슴에 아름답게 울려든다.

# 사랑하는 당신에게

우리 사랑하면 어떻습니까
언제부터 인가 그 델 향한
멈출 수 없는 그리움에 난
내 가슴에 붉게 타는 사랑
온 종일 참 많이도 아파했습니다

향기로운 임의 단아함에 취한 듯
이내 마음 그대 향수로 젖어 살고
당신은
어느새 소중한 내 사랑 이기에
나
이렇게 마음만 조리고 있습니다

부드럽게 온 정을 사모하는 이유
오늘도 난 느끼며
행복해야 할 가슴이 산다는 건
우리 서로 알고 있듯이
당신과 나의 사랑이 있어서 아닐까요

눈감고 그대 품 안에 별이 뜰 수 있도록
한순간도 놓을 수 없는
꿈을 익히며
꼭 옥 끌어안아 주고 싶은 당신
난 묻지 않겠습니다.

# 그대는 내 마음에 천사

치솟는 비단잉어 등줄기에 업힌 낮 달
묵은 긴장을 벗어낸 듯
꿀맛 같은 단잠이 끼어들어
초연히 지나던 낭군네 꿈속에 박힐까

유유히 상류 하여 떠도는 연어들의 고향
해동된 미래로 꿈을 채우며
아늑한 갈망에 깃든 사랑을 피우고
하얀 잔상처럼 이 밤에 벗하여 들며

끝없이 펼쳐진 황금빛 물든 날들은
마음에 행복이 여물고
사랑하는 그댄 언제나 내 마음에 천사.

## 사랑

끓어오른 심혈 옥죄고
온유한 마음 밭을 갈아
꽃 피운 듯

생생한 고운 정 익혀
떨림의 말로
달아오르는 열기

때로는 행복과 슬픔도
다 내 몫인 것을
받아 채운 세속의 꿈 위해

마신 듯 취해 풀어
어린 향기
네 가슴에 빛을 섬기니

눈물로도 미움 없어
마음에 향기
그 끝이 보이겠나

난 네 정열로
언제나
불꽃처럼 지피고도 고동친다.

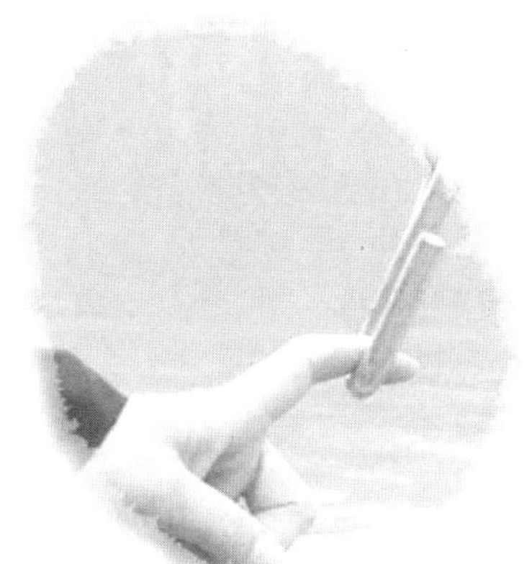

# 2부.

# 사랑의 약속

## 사랑의 약속

사각 이는 꿈을 베어 물고
까치의 영혼으로도 잊지 않으리
꿀처럼 달콤한 이 행복
햇살 아래 노닐다 가는 사랑의 향연
쌓여만 가는 향기같이
찬 바람에도 아름답게 여민 한 가슴인걸

긴 밤 지새도록 모락모락 피어올라
둥근 달처럼 살다간 그리움
약속이 여울이며
한 자락 구성지게 읊고 가는 메아리
깊은 향수에 젖어
꽃 같은 향기로 임 사랑 반길까

꽃길 깔아놓은 마음 따라 어찌 가려나
바람도 구름도 따르니
그리운 약속은 가고 있겠지
행복한 감성으로 그대 미소 볼수록 좋아
오고 가는 길목마다
사랑의 가슴으로 풀어 놓아야지.

# 언약

가슴속에
감미로운 설렘
만개한 가슴을
활짝 열어
찾아드는 정

미혼의 석양에
노을빛 깃든
소슬한 향기까지
언제나
지켜야 하는
붉은 혼.

# 마음에 향기

내면의 세계에서
곱게 품겨 나오는
아름다운 감성

한결같은 영혼으로
가슴은 뜨겁고
언제나 느낄 수 있어

진실함 속에
봇물같이 우러나는
향긋한 꽃향기와도 같다오.

# 사랑이란 이름으로

그림자를 밟고
가지런히 누워
애처롭게 흐느끼는 가슴조차
기억 속에 흐려진 잡념들이
세 마디 손금에 새겨둔
사랑의 이치를 깨우치며

얇은 넋은 바람으로 흐르다
꽃잎 터트리는 향기쯤은
석양에 추억이 깃든 노을로
그리던 젊음인 것을
운명이라고 말해두자

수렁처럼 헤매는 그 향기
빈손에 흘리며
여운을 남기고 간
궁색한 변명으로
그대의 이름 앞에 아픔인 까닭도.

# 천년의 꿈

연꽃같이 피어서 학처럼 우아하고
불그레한 달빛 우려선
어우러진 우리에 운명이야!
붉은 태양 아래 자아의 꿈 익는다 하지

보란 듯 운무를 즐기는 그리운 가슴
이슬에 사뿐히 젖어도 좋아
먼 옛날의 전설 선녀와 나무꾼
별이 되어 곁에 있어도 몰라라 하고

천 년을 이어온 황금 노송의 고운 자태로
신선한 향기를 품어 온 사랑
삭혀둔 세월 속에 보석 같은 꿈을 묻고
희망을 쏘아 올린 진리에 살며

사랑 때문에 간직한 향수 달갑게 차고앉자
기다리며 그리워하다 망부석이 된 여인처럼
하루의 꿈속에 천 년같이 머물러도
노을 속에 잠든 임은 깨어서 오시겠지.

# 사랑의 꿈속으로

어쩌다 어쩌다가 그대 품에
잠들지라도
꼭 안아 주세요 행복하니까
사랑 때문에 꿈속으로 속으로
하염없이 빠져드는 노을빛처럼

다가서는 향기를 저 별들이
훔쳐 갈가 봐
노심초사 헤아리는 마음
임은 지켜 주시겠죠
사랑이어서 한없이 좋으니까

같은 일상 이어도
사랑해 아름다움이 넘쳐나고
향기로이 꿈속에 피어선
이마 위로 살포시 안는 달빛같이
임에 품인 줄 알면서
행복한
나.

# 비 내리는 날이면

낙화한 빗물은
꽃밭에 사랑을 뿌리고
구슬픈 바람에 설움을 쏟아내며
떨어진 줄기마다
가슴에 아픔으로 파고드는데
못내 아린 그리움 담아낼까

삶의 무게 내리고 가는 구름
지하의 수맥을 타고 흐르며
뉘를 위한 꽃을 피워
미명에 간 세월을 부르고 있나
이 비 그치면 사랑이라도 해야지

혈맥의 생명수는 땅속에
고독은 빗물 속에 흘렀고
꽃 피우는 하늘의 꿈마다
세월 속에 우뚝 서는 태양을 보면서
향기로운 만 년 설이 녹을 때까지.

# 사랑에 등불

높게 솟은
푸른 하늘 등지고
파란 꿈으로 오더니
노을 저녁 붉게 태우고 가는
가을
사랑의 등불이라 부르리

이슬비만 뿌리고
해질녘 기다림에 오지 않아
잠시 떴다가
사라지는 별빛처럼
홍조 띤 입술로 나를 적시고 간
너를
사랑의 등불이라 부르리

묵은 바람에 그리움 덮어와
발아래 떨어진 고독
시린 마음을 적시고
갈 바람 소리에 쉬어가는
한 자락 향수
아! 이렇게
너를
사랑의 등불이라 부르리.

# 침묵 속에 묻힌 사랑

실록의 그리움 삼킨 하늘이라
기나긴 침묵 속으로
오솔길 따라 흘러가는
그윽한 달빛에 여물고
백조처럼 천운이 드리운 호숫가에
님이라 불리우는 꽃은 필까

천상을 넘나드는 빛을 타고
붉은 영혼 불러 선
운무를 즐기는 빛의 너울
무대 위에 오롯이 선 꿈의 향연
영혼 속에 저문 세월을
벗하여 온 사랑 이였는지

풍운에 절제의 미덕을 남겼으니
햇살 가득 품은
실록의 푸른 향기 긴긴날 앞세우고
푸른 물결 넘실넘실 흘러
태양의 힘으로 가는  세월

온 누리에 차지한 잿빛 그리움이란
여운이 머물고
갈망하듯 여린 가슴을 살찌우는
비단 같은 마음으로
침묵 속에 묻혀 사는 사랑이어라.

# 사랑함을 어찌해

성김으로 풀린 바다
수정 노을 깃든
꽃 수레 에어 타고 사랑에 잠길까

점점이 차오르는 달빛 창가에
가슴 울렁이는 사랑
어느 하늘 아래 별 이였는지

한밤 내 그리움 추스르던 영혼
변방의 이슬처럼
어둠을 품고 가라앉자 있으니

서서히 수면위로 솟아오른 향기
풍운에 미로를 찾아 나선 듯
긴장된 영혼 많이 길을 열었네

내 님처럼 울어주던 바다
찬바람 불면 서로 곱게 앉자
사르르 녹아내린 사랑 한 줌 쥐고

두둥실 떠도는 구름 같은 나를
잃어버린 바다의 넋쯤이라도 여기신다면
행복하게 나도 나를 잊겠네

# 사랑에 갇혀 운다

휘젓는 구슬픈 자리마다
들국의 오솔길 따라
운명에 치닫는 별들의 고향
풍만한 사랑으로
그리움에 일렁이는 정념의 눈물

바람에 갇혀 우는 갈대의 숲도
사랑을 알리는
하나의 숨을 열고
찰가운 인연을 태우는데

달빛 가슴에 의외로움 삭히듯
빛의 틈새로 피어나는
영혼같이
깊은 밤 이슬처럼 젖어
그리움은 사랑에 갇혀 운다.

# 나는 원없이 울어보련다

이 밤 취해 울고 싶어
텅 비워내고 머뭇거리는 마음
나는 바람의 취기만큼이나
슬픔에 잠기고
영혼을 삶아 내듯 달아오른 눈물
가슴을 태우고 수명 끝에 흐른다

군불을 지피며 살아온 여정
연기를 피워냈던 굴뚝이
잿빛 물들면
초저녁 훈훈한 인심에 살고
외로이 떠도는 근심
멀리 떠난 슬픔에 내 사랑도 울까

기나긴 방황의 늪
나의 인생
얼마나 구워삶았으리
슬픔 가득한 이 한 몸이어도
원망할 자 없으니
나는 원 없이 이 한밤 울어보련다.

# 백옥 같은 꿈으로

퍼렇게 멍든 바다 위로
태양에 동공이 열리고
보란 듯 뿜어내는 황홀한 열기

차디찬 이슬 삼키며
푸른 단상에 녹슨 바람처럼
잠시 머물다 사라져 갈 뿐

주인 잃은 목마는
비틀거리며
오늘도 내일도
구슬픈 세월만 재우는데

욕망에 덫은 구천에 떠돌고
천심은 갈 곳 없어
허물 벗듯
구름 따라 어이 흘러가나

난 사랑이나 꼭 부여안고
한 시름 달래려니
둥근 달빛 아래
백옥같은 꿈으로 임이 반긴다오.

# 사랑과 운명

깃털 같은 하얀 영혼
허공에 흩어지고
불꽃같이 타는 가슴
열꽃처럼 살아가니

거니는 향기마다
사랑의 말로
거역하지 못할 운명
바람의 입술로 냉기가 녹아

삭힌 세월의 깊이만큼이나
웃자란 나목
따사로운 햇살 가득
분말로 터지며 한 몸 말리고

안개 자욱한 그날
신호등 길 따라
산 허리 짙게 깔린 운무
님을 휘감고 돌아
사랑의 운명처럼 빨려든다.

# 사랑은 늘 목마르다

익히듯 찾아드는 밤하늘
짙게 깔린 구름 위로
사랑은 포근히 잠들라 이르고
다가오는 여명에
겹겹이 쌓인 그리움
눈물 되어 흘렀구나

동녘에 솟아오른 햇살
혼돈의 여름
나지막이 내려앉아
영혼에 묻고 가는 사랑
하얀 구름 되어 살자 했지

달빛 드는 창가에
사랑은 늘
목마름처럼 살아야 할까
알알이 익어가는 세월 따라
끝없이 수놓은 인생
무언의 노을빛 사랑가이려니

무지갯빛 오롯이 서면
꽃으로 잉태한 인연의 향기
푸른 하늘 타고 앉아
백옥 같은 하얀 마음에 피어
사랑은 늘 목마르다
나의 사랑아.

# 사랑 속으로

불타는 열기로
심금을 울리는
짜릿한 고백
황홀한 사랑으로
눈꽃 같이 피어나

영상처럼 펼쳐진
아름다운 모습
지척에 걸어둔
거울 속으로
깊은 가슴에 열린
너의 향기 아늑한데

나의 영혼에
붉은 장밋빛
그리움 머물면
사랑해 깃든 운명
모두 건네야지.

# 그대 가슴과 내 영혼에

사랑은 마음에 둥지를 짓고
하루하루 깊어져만 가는 감성
온몸이 떨리고 심장은 고동친다

한마디 향기로운 속삭임
영롱한 아침 이슬처럼 젖고
추억 같은 바람은
그리움으로 흐르는데

새겨진 사랑의 흔적들
세월 따라 한 가슴 울려내고 있다

오늘과 내일이란 별리엔
희망의 볼 꽃이 솟고
아무도 모르게 행복을 키우는
그대와 나의 언약은 노을빛 깃든 사연

기쁨의 향기는 그대 가슴에
황홀한 열기는 내 영혼에
살아 숨 쉬는 날까지 이렇게..

# 사랑은 늘 향기롭다

그대 사랑 가슴에 품어
행복한 잠이 들고
다가오는 여명에
홀로 쌓인 그리움
이슬 대어 흘렀구나

동녘에 솟은 햇살
가슴에 내려앉아
꽃처럼 피어 들면
푸른빛 흘러가는 하늘 곁에
하얀 구름 되어 살자 했지

달빛 든 창가에
해맑은 미소는
사랑을 잉태한 향기
백옥같은 하얀 마음과도 같아
그대 사랑은 늘 향기롭다.

# 사랑의 이름

밤하늘에 별들이 반짝이면
그대의 이름을 불러보고도 싶습니다
달빛 따라가는 그리움 연모하며
해는 지칠 줄 모르고 붉은 노을 속으로
다정히 사랑의 꽃을 피워도 냅니다

채워도 채워도 끝이 없는 하늘이야
그러하다 치지만
그대 사랑만은 가슴에 가득 물이 들고
나도 모르게 피어나는 환상의 꽃
아름답고 향기로운 눈가에 익고 있습니다

수많은 별빛 속에 그대와 나의 인연은
다정하게 손을 건네는 달빛과도 같이
온화한 마음에 살며시 스며들며
자연스럽게 하나 되길 서로는 원했나 봅니다
언제나 사랑스러운 이름을 부르면서.

# 사랑은 운명인가

수 없이 썼다 지워낸 마음에 양식들
행복과 아름다움은 우수에 젖고
한 편의 드라마 같은 인생
내 삶의 주체이면 어때
글로써 행할 수 있는 까닭조차
그대 사랑 때문이라면 더욱더 그립고

행복한 느낌은 아름다운 사랑의 극치
절대좌표를 알아야만 하는 운명적 만남은
믿음과 소망을 동경하는 소중한 여심이겠지
그대 가슴은 더욱 뜨겁게 나에게 스며와
살며시 사랑의 불씨를 건넨다

삶의 향기로 그대 사랑은 내 가슴에 살고
연기처럼 사라질 바람에 넋쯤 얼려도
아니라 부정하는 오늘에 기억은
자유로이 유영하는 필연적 운명이기에
우리라는 사랑과 이상이 교감하며 존재하는
그댄 나의 아름다움이고 행복이다.

## 그대의 가슴으로 가는 길

창 밖에 비가 내리면
무정한 세월 쓸고 가나 보라
순수한 정열로 들어찬
그대만의 섭리
모진 비, 바람을 태운 가슴은
사랑의 화신일까

뜨거운 눈물로 두 뺨에 어려선
오늘을 보고 내일로 사는
그댄 낭만의 열정
하루하루 채워가는 환상의 날들
꽃피듯 붉히고 곱다

명상 속에 태워 버리고
소원하는 이 마음
사랑을 헤아려선
그대의 가슴으로 가는 길
지금도 이슬비에 젖은 이유를
나는 모른다.

# 하루쯤은 사랑의 전설로 살자

휜 가지마다 붉게 태운 영혼의 소리
바람도 자지 않은 오늘로 괴롭다
어디로 가야 하나
슬픔에 잠긴 눈물 한 줌
벼랑 끝에 서 있는 그림자로
믿음을 심어야 하는 공허한 사랑쯤은 안다

엉킨 실타래처럼 지금 내 가슴은 그렇고
풀리지 않는 영원한 수수 깨기처럼 고민스러워
끝내 포기하고 마는
하늘과 나 사이 변명이란 허울이 존재하고
준엄한 심판은 너무도 고통스럽다

차라리 별의 눈물로 살지 외로움과 함께
가슴속 깊이 새겨야 하는 운명은
너와 나의 별리
가끔 상념에든 내일은
또다시 햇살로 되돌아와도
텅 빈 마음으로 하루쯤은 사랑의 전설로 살자.

# 사랑의 신비

두둥실 배 떠나 가자 끝 간 데 어디일까
바람에 앞서거든 알려나 주고 가소
폭풍에 휩싸인 그 말
운무를 즐기는 하늘 사이사이 백마가 슬피 울고
심연의 물소리 화음에 천 년 미소 꽃피운 듯
초야에 사무친 정
저녁노을 붉게 태운 임 사랑이나 품어볼까

사공에 한 많은 사연 콧노래소리
노 젓는 장단 맞춰 갈매기떼 날아들고
물 긷는 아낙네 마음 내일에 기나긴 그리움
혼자 걷는 노을속으로 낯익은 따스한 미소 찾아
언젠가 받아들여야할 운명 오늘이면 어떠리

그리움에 쏟아지는 수많은 별
밤 하늘에 울려 퍼진 귀뚜라미 소리 귓전에 맴도는데
어둠을 삼켜버린 태산은 순정의 달밤
시작도 끝도 없는 드넓은 광야 우리임에 가슴일까
절대 사치스럽지 않은 사랑 바보가 되어도 좋으리.

# 임에게 쓰는 시

아름다운 붉은 노을 속으로
이 한 몸 불사르라
황혼에 얼러 베어 우려선
살랑살랑 봄바람 여울진 사랑

도란도란 정담 꿰어
고아 내린 봄과 함께
어울려온 샛별로 가슴 죄는걸

사랑 여윈 달빛이고
꽃수레 타고온 임 향기
부드러운 입술 촉촉이 감아
내 가슴 우려낸 사랑 일 량

정겨운 임에 얼굴
동공에 어려
행복에 찬웃음 피워 내련

가슴속 서린
임 향기 사려선
청량한 하늘빛 곱게 메아리 굽고
애틋한 사랑 영혼에 들어
꽃처럼 향긋하고 행복할 수 있게.

## 약속의 길

거센 한파처럼 이 내 가슴
쓸 고가는 약속의 길
요동치는 영혼 대리고
나는
그 운명의 발로 가야지

보석 같은 추억 될 것 같아
아름다운 여심 별빛에 홀쳐
불을 지피고
하얀 꽃길 거닐다
꼭꼭 숨긴 첫 사랑 밀어 찾아

뼈 마디마디 쑤시게
앓고 온 널. 그리며
매혹스러운 눈빛 감싸 안아
달빛 드는 창가에
천 년 그리움 웃는 듯 닮고

어느새
추억이 되어버린
난
한 잔 술에 금빛 밀어 적셔
너와 함께 울려 마셔야지.

# 사랑과 인연

붉은 태양 아래
농익은 웃음
낮 달이
못내 그리운가

불꽃 되어
가녀린 바람에
꿈 같이 찾아들고

실버들 그늘 삼아
사랑의 담소를 나누는
연인처럼

고운 향기로 어우러진
불꽃 같은 숨결들이
열정으로 휘감긴다.

# 3부.

# 꽃이 피면

# 꽃이 피면

긴 세월 따라 온정이 들면
잠재된 의식 속에 추억인양 에워 사는
바람 같은 인연도
우리네 인생 사랑이라 치면 어떠냐

태초의 그리움조차 석양빛 물들고
무심의 본능인 듯
열진 달그림자 품에
원초적 꿈결같이 부드럽게 어울려선

허허로이 백발이 된 사연들로
은빛 이슬처럼 아스라이 구른다 해도

느낌의 햇살로 다가선 감성
텅 빈 상념의 가슴속으로 피어 들며
오롯이 성근 바람들이
사랑한 비밀을 씻겨 가슴에 담고

미지의 세상을
신비롭게 살아갈 아름다운 꿈인지도 몰라
아낌없이
미련없이 외 돌며 주고 가는.

# 사랑은 영혼의 꽃

참사랑 그윽한 날엔 샘물 같은 눈물 흐르나니
사랑하며 별빛 잠긴 혼백, 홀로 지샌 밤하늘에
살아갈 만큼이나 영혼을 지피고 갈까
아지랑이 피어오를 때쯤
초록의 숨결 갈아입혀 지녀온 따뜻한 온기로
사랑이 머문 자리 영혼의 꽃 피우시라 하시었나

향긋한 봄날같이 향기로움 새하얀 꿈속 마디마다
호수에 잠긴 애잔한 미소, 달빛이 내어 준 사랑
밝아오는 여명은 우수에 젖어들고
물 안개로 솟아오른 그리움
늘 푸른 바닷가에 밤하늘 금빛 모래밭에 누운지라

흘러가는 세월 속에서 지혜를 얻고
삶 속에 사랑이 있나니
영은 꿈속에 들라 하리오
하늘은 날마다 동행하는 붉은 노을 속으로
한 점 섬광의 빛, 청아한 메아리 듣고
사랑의 향기로움 청산에 꽃같이 사는구려.

# 여름은 빛의 계절

비단 길 열어 수려한 미소
푸른 바다에 흘러 홀연히 오려니
불타는 여름빛의 계절이라 했나

갯바위 그늘에 잠든 영혼
낮잠을 즐기는 여운 사이로
금빛 모래 쓸어 담아 섬긴 사랑은
불꽃처럼 피어 들고

별빛 따라 넘실넘실 춤추는 바다
홀로 삭힌 사랑이라
갯벌이 숨을 열면 푸른 물결
한껏 담으려나

나그네의 그리움 한 자락
영혼을 흔들며 메아리 빗으니
하염없이 흐르는
노을 속에 깃든 향기처럼 붉다.

# 향기로 가득 한데

바다가 왜 우는지 나는 몰랐습니다
눈은 또 그리 훈훈하기만 한지
사랑을 하면 그리움이 싹이 트고
황금 물결 넘실거리는 가슴 밖에

나는 몰라도 그대는 알고 있겠지요
담백한 사랑은  언제나 온기로 가득한 까닭을
마지막 순간까지
기억으로 남기고 싶은 우리에 운명

눈물로 사랑한 인연이어서
태양의 숨을 열면 아침햇살의 입술로
깊은 삶을 일깨워 주며
원앙처럼 행복하게 어느 별에서 살아갈까요

첫눈이 내리면 가슴은 따뜻해지고
그리움에 수북이 갇혀
하얗게 수놓은 그대와 나의 영혼
심연의 가슴에 꽃 피운 듯 향기로 가득 한데.

# 겨울 꽃비

그 내린 꽃 비
자작이며 길손 들라 얼려놓은 가슴
낯설지 않은 네가 영혼에 빨려든다

하얗게 태운 한 호흡마다
긴 여운이 휩싸인 듯 격정을 토해내며
네 가슴 푹 저린 황홀한 정사

따뜻한 눈물로 말라
가슴에 안긴 영혼을 꽃 피우고
행복한 입맞춤으로 자아에 빠져들며
모질게 부서지는.

# 겨울 바다 향기

젖어 우는 겨울 바다
우려낸 감성
절인 파도에 물밀듯 달려드는 그리움 잊고
미로를 찾아 돌아온 발로
체
여물지 못한 하얀 분말이 부서져 날린다

허공에 흩어진 흰 꽃들 환희에 피어 솟아
형성된 열기 포근한 가슴 아리고
바다 끝닿아 향기 묻어 고른 자리
동면에 식힌 고독
때 잃은 시린 혀끝이 굽는다

거친 호흡마다 안고 바람 찬 백사장
잔잔한 여진 흔들어 사랑 찾아 울까

사랑에 감전된 세포마다 흥이 겨워 숨을 고르며
하얀 잔상이 주렁주렁 깊은 파장 속으로 빨려들듯

기다렸던 겨울 봄날은 찾아 없어도
숙성된 겨울 바다
태양의 빛을 뿌리며
내 일의 희망을 건넨 사랑처럼 아름답다.

# 운명 같은 수채화

새벽 안개 자욱이 스산한 거리마다
먼 바람의 눈
한 치 앞 밝힐 수 없어도
간간이 비치는 빛의 행렬
운명 같은 길 따라 내 눈물 어렸지

흰 구름 짙은 하늘에 꿈
애달프고
초승달처럼 탈을 쓴 영혼
외로운 무대 위에 연 서막이
한 가슴 씻겨 달인 감성
임이 운 듯 바라보니 슬프구나

긴 항해에 끝없는 여운이 도리지 하야
되쳐서 버린 네 영혼 서럽지만
언제나 쉬어갈 수 있는 뜻있어
수많은 뜰 꽃의 이름 몰라도
너와 난 운명 같은 한 폭의 수채화.

# 불멸의 강에 우화(雨華)가 핀다

불멸의 강가
뽀얀 안개 필 때를 기다린
강태공 한잔 기울이려 하니
그리운 임 찾아와 운다

너의 아린 눈물 받아
강가에 여운 듯 뿌리니
날 찾아온다 던 약속의 강은
언제나 푸르고

유유히 흐르는
거센 물결 헤치며
달려가는 연어들의 고향 찾아
난 끝없이 가야지

햇살이고 고이 아끼던 정 말아
유량에 길 떠난 유언 따라
우화(雨華)가 서린 불멸의 강 찾아
너도 오겠지

긴 여정을 마치고 들어선 사랑
가슴에 정열로 삼아
불멸의 강에 우화(雨華)를 피운다.

# 봄비 속에 우는 꽃

나지막이 꽃잎 질라
어린 인연 촉촉이 적셔

허공에 퍼져
바람 든 날에는
사랑처럼 달려와 덮고

눈물 젖은 한 가슴 도려내 듯
곱게 반기며 오련가
불타는 향기 피워서

적신 꽃잎은 날 울려도
운명이라 여기며
이른 내가 사랑 담아 놓아야지
시들지 않을 봄비 속으로.

# 달빛 시린 봄날에

따뜻한 들녘엔 새싹이 쫑긋
봄볕 쪼아 옹알이하는
노란 병아리 어여삐 보살피고

아장아장 노닐던 어미 품속
파고드는 꿈 청하여
고운 정 봄 향기와 같이 어울리네

둥근 달 부서진 한낮
꼭 감아 든 사랑에 웃고
실록의 향기 찾아와
한잔의 차에 행복 끓여 놓을까

수탉의 부픈 육성은 바람을 뚫고
사색에 업혀
임과 함께
정담 사리고 한잔하려니

노란 들꽃이 만발하여
인연을 치장한 봄의 향기들
달빛 따라 한 줌 사랑의 꽃은 핀다.

# 하얀 목련이 피어 든 봄비 속으로

하얗게 망울진 목련 속으로
봄비 찾아든 한낮
스치고 지나가는 운명처럼 울까
구름은 흐르다가
어느 꿈속에 꽃을 피우고
하늘 밑 자라나 그립던 냉가슴

진달래 한 움큼 너울진 봄 따라
사랑 깃든 노을빛 고운데
잿빛 그리움 덮어 얼룩진 사연
헤아려둔 서쪽 새의 슬픔을 알까

해는 떠올라진들
달 뜨면 별이고
한평생 살지 않았던가
향기로 말하는 봄날은 언제나 그립고
하얀 목련 꽃 피어 든 가슴
세월 따라 구름 따라
연분홍 바람에 끼어 영혼이 운다.

# 봄의 소야곡

따듯한 햇살 외투에 걸치고
연인 가슴에 꽃 피우듯
헤아릴 수 없는 향기도 고아

벌과 나비 들러리 나서고
울긋불긋 들어차는
낭군네 꿈은 마냥 행복하여라

메아리 찾아 새겨둔
산새들 정담
노을빛 그리움에 여울이며

살며시 달빛 내려와
허리에 묶어 외 돌던 솔향기
봄볕 물고 임 찾아가시려 나.

# 억새꽃 같은 임이여

꽃 같은 임이시여
쓸쓸한 바람에 눈물 날려도
외롭다 하지 마오

하얀 눈송이처럼
빈 허공에 흩어지면
당신을 그리워하다 울지도 몰라

우리네 인생
살맛 나는 진통 아니던가
제 몸 비벼대며 휘날리는 억새처럼

노을로 걸친
임에 향기
다독이며 얼레는 빛의 언어로
홀려나 두곤

서산 등 넘어지는 해야
그리움 걸어두고
사랑하는 즐거움에 묻혀 산다잖소.

## 봄은 임과 함께

피워낸 붉은 정열
운명 같은 사랑의 향기
꽃잎에 살며시 걸렸지

온유한 햇살 내려와
한마음 지피고
반짝이는 여느 봄과 같이

푸른 물결 일렁이는
들녘에 누워
향긋한 미소 마시었나

상큼한 향수에 취해
정겨운 임과 함께
아름다운 꽃길 걸어나 볼까.

# 들꽃처럼

난 어디쯤 가고 있는지
가는 시간 사이에
바람의 향기가 묻어난다

공허해진 텅 빈 가슴
하늘을 바라보며 떠있는 구름같이
그리움에 자리 이리도 시릴까

눈물로 커지는 그리움
하얗게 옷섶을 싸맨 듯
세월은 두터워지고

한철 고이 여문
들꽃처럼 거두어
샌 바람에 이슬로 젖는

너는 어디쯤 오고 있을까
바람 사이로 사랑에 물든
아름다운 들꽃의 향기 묻어난다.

# 바람의 꽃

스쳐가는 바람의 꽃
조각난 파편들로
세상을 울리는 가슴이 싫다

차곡차곡 쌓이는
꽃잎의 눈물로
드러낼 수도 감출 수도 없어

자아의 혼백을 풀려고
쓸쓸히 형성되어
피어난 운명인걸

사랑에 이끌리고
구름처럼 흘렀다가
가끔은 눈물 되어 흐르는 것이.

# 봄날의 언어

낯익은 모습으로 봄은 여전히
꽃잎의 언어를 찾고
볕에 숨어든 아지랑이
기억을 더듬어
햇살 뚝뚝 떨어트려 놓는다
물오른 입김으로
나뭇가지 푸르게 살찌우는
사랑의 언어
뜬구름에 찾아와
가랑비 같은 눈물만 줘도
꽃을 피우선
봄날은 여전히 향기로워
가슴 여미는 사랑을 키워선
이네 마음 헤집고 다녀도 좋다.

# 봄날은 온다

석양을 등지고
노을빛 내리면
도심의 갈증은
나그네의
한숨처럼 들려오는구나

노란 유채꽃 비밀은
그 향기에 취해
물결처럼 일렁이며
부드러운 정열로
봄 나비는 꿈을 먹고

둥지로 돌아가
자리에 누운 철새처럼
부르는 사모의 정 쏟아
기다리는
향긋한 봄날은 온다는 구려.

# 꽃 같은 햇살

언제나 꽃같이
아름다운 햇살
맞닿은 손잡아나 볼까

사랑에 어린 향기
빛같이 피어서
여린 가슴처럼 곱고

다가선 아름다움
빈 몸으로 사라질
바람 같은 운명이라 지만

푸른 하늘 떠올라
행복하게 일군 사랑의 성
노을빛 물들인 가슴으로

찬란한 별이
꽃 같이 머물면
향기로이 걸어나 두세.

# 하늘의 길을 품다

거대한 원 홀처럼 솟아!
블랙홀 같이 빨려들어 가는 것이
신비로운 영역이야
투명한 하늘빛과도 같고

두 개의 대륙 사이
푸른 바다에 하늘 길을 알리기까지
우주를 관장하는
신만이 아는 듯하니

물리적 힘이나
어떠한 동력의 근원이 아닌
순수한 자연과 과학의 원리
우주만의 섭리로 이루어진 진리로

때가 되면
누군가 아름답고
순수한 영혼으로 그 하늘 길을 품겠지

신이 님들에게 또 하나의 세상을
아름답게 가꾸어 갈 수 있도록
지혜의 산실을 알려 주시려니.

# 밤안개 꽃처럼

안개 자욱한 밤
꽃처럼 피어나는
그리움 젖고

유유히 흩어지며
별빛 채우는 안개
긴 화폭에 담아 넣을까

짙은 향수를
가슴에 품고
하루하루 쉬어가 듯
숨은 가볍기만 한데

저녁 열기는
여명이 올 때까지
식을 줄 몰라
하늘에 꽃같이 열리고

짙은 안개 속으로
어여삐 찾아드는 임은
사랑같이 품어서 좋아.

# 비에 젖는 꽃

낙화한 빗속에
어린 꽃
허공에 펴져 널린
바람 든 들녘엔
그리움 안고 사랑 심어선

젖은 가슴에 피던
순정의 향기
그 마음 마냥 행복해야지

날마다 불타는
여심에 살며
눈물 꽃처럼 찾아와
날 울려도

줄줄이 성근
사랑의 비
꿈같은 운명이라면
영원히 적셔도 좋다.

# 봄의 전령사

연분홍 치마
살랑살랑 걷어올린
봄바람에
영롱한 아침 햇살 깨워
홀린 바다 파도로 너울지고

붉게 솟아오른
태양의 빛
여명에 하늘 밝혀
봄을 캐는
무지갯빛 향기 담아

온기로 가득 찬
노란 꽃잎 방긋이면
달래 냉이
봄 소식 알린
내 고향 산천 그리워 가자

물 안개 살짝 적셔
지져 고은 날
서둘러 봄나들이 나서고
울긋불긋 묻어온
사랑은 봄의 전령사.

# 봄날은 사랑이야

별을 심는 봄
시샘하는 겨울 찬 바람에
한나절 내 서성이고
온몸으로 느끼는 전율은
사랑의 숨결

운명같이 살다
타다 남은 저 노을처럼
행복을 지피면 되는 것이
젊음처럼 오는 여명에
뽀얀 안개 걸치고선

영혼에 피어 든
순수의 정열 같은 햇살
빛을 뿌리며 이슬에 젖어도
봄날에 어린 가슴은
사랑이라서 좋아.

# 하얀 목련 꽃

꽃잎부터
곱게 피어서
아름다운 순정의 향기
보고만 있어도
행복하여라

치장하지 않은
고운 자태
내 임같이 닮아
자꾸만 안기고픈 가슴

봄날엔
언제나 향기롭고

순백의 미소로
유혹하는 향긋한 사랑
부끄러운 듯
살며시
바람에 스쳐도 좋아.

# 꽃바람에 나도 울었다

절인 바람결에 상념으로 젖는 이 밤
절망의 늪을 헤집고 다니다가
적막함에 밀려오는 고독이란 무엇인가
수척한 외등의 불빛 가련 한데

푸른 이끼로 치장한 상상 속에 갇혀
수막같이 형성된 눈물의 신념조차
인생의 파노라마 같고
정제된 양식을 삼킨 감성은 청혼에 든다

달빛 입술로 살며시 물던 환영으로
시린 밤을 유혹하는 메아리야
천상의 꿈결 길은 노랫소리 품고
우중에 새겨진 애달픈 시로 읊는구나

물안개처럼 커피 향에 취한 듯
사랑의 열기로 숨을 고르며 코끝 찡한데
잠시나마 근심을 덜고 있을 기억 하나
꽃 바람 같이 속 울음 들 때 나도 울었다.

# 4부.

# 작은 꿈

# 작은 꿈

작은 꿈속에 들어와
잠 못 들게 하던 것은
그 땅 위에 떨어져
씨앗으로 심는
그리움 이였습니다

한 줄기 빗소리에
지쳐버린 양지마다
어스레한 달그림자로 눕고
사랑에 가벼워진 삶
나의 일상이 되어 버린 지금

하루를 짊어지는
햇살을 이고
작은 호숫가에 앉아
파문을 일으키는 행복
나의 삶과 작은 꿈입니다.

# 딸에게 바치는 시

사랑한단 말로도
한없이 작아지는 고독은
운명의 그늘처럼
고뇌에 찬 죄인이라서
늘 가슴에 난 상처가 괴롭다

홀로 감내하며 살아갈
너의 인생이
비, 바람 눈보라에도 꺾임 없이
찬란한 희망이라면
얼마나 좋을까

삶이란 꿈의 무게이며
세상을 향한
봉사의 참뜻 아니겠는가
너의 믿음과 용기로
스스로 나약함을 만들지마라

살아갈 수 있는 감성이야말로
사랑을 증명할 수 있는
매혹스러운 진실이 아니겠나
너의 지혜로 슬기롭게
삶을 가꾸는 행복이길 바란다

사랑하는 나의 딸아.

# 딸의 일기

웃는 너의 향기
외로움과도 같아
언제나 한 가슴 비워두고

의지와 지혜로 슬기롭게
살아가는 나의 사랑
순항의 길은 멀고 험한데

기쁨과 슬픔이 교차하는
마음을 들려주며
숨 쉬는 너의 일기

아름다운 사랑
한장 한장 넘길 때마다
어린 아픔으로
나의 영혼은 울어야만 했다.

# 아들과 딸

나의 가슴에
꽃은
피었습니다
사랑인 줄 알면서

사랑의 지혜로움
조금씩 닮아가는
너흰
눈부신 생명으로
피어 든 청춘

삶의 귀로에 선
분신처럼
설레게 하는 마음
언제나
나의 사랑, 나의 꽃.

# 기도하는 마음

당신에 행복을 위한 기도
어느 별의 두 손 빌려서라도
꼭 한번 들려주고 싶은 소망이기에
이렇게 자유로이 울까
세월 참 많이도 흘러 왔지만
마음만은 당신 가슴에 살아
날마다 슬픈 노래를 듣는 것이
참 싫은 적도 많았어

오늘은 왠지 그리도 듣고 싶은지
저녁이면 지는 석양이 슬퍼졌고
밤이면 달빛이 시려 왔지만
동트는 아침이 오면 당신을 까맣게 잊었거든

바보 같은 날은 말이야
그리곤 눈물도 거짓말처럼 말라 버렸잖아

아파할 가슴조차 없다는 게 너무도 슬퍼
당신의 행복을 위해 기도할 수 없을 것 같아서

기억나 처음 만났던 그날
참 비도 많이 내렸지
그때도 나 이렇게
당신을 위해 당신위해 기도했을까
우린 참 많이도 행복해 했는데

날마다 미소가 꽃 피듯 우러났거든

지금 그날을 상기하며 당신 앞에
다시 한 번 눈물로 기도할 게 늘 행복해 달라고

영원히 지울 수 없는 나의 사람
이별은 슬픔이 아니야 형별은 더욱 아니지
늘 당신에 행복을 위해
기도할 수 있는 마음 있어서
나도
언제나 행복해
언제나.

## 사모하는 마음

눈 뜨면
고운 아침 햇살이고 앉자
하루도 잊은 적 없는
내 사랑 당신
여기 이렇게 기다리며 있다오

봄 아지랑이
듬뿍 담아
소록소록 솟아오른 향기처럼
내게 사뿐사뿐 오시네

봄볕 사모하듯 웃는 미소
행복이 넘쳐 곱기만 한데
임 생각에
달빛 흘러들고
이 밤도 그리움에 사무친 영혼

수많은 시간 속에
뜨겁게 사모하는 마음
생각만 하여도 행복 넘쳐 나네요.

# 내 영혼의 바다

바다가 숨을 고르며 운다
이 녘에 별은 바다의 몫처럼 바람에 쥐이고
푸른 영혼은 갈라진 빛의 틈새로 차갑게 운다
잔잔한 파도만이 너울진 바다
싸늘한 바람의 입김에 등줄이 시리다
바닷길 따라 끝없이 펼쳐진 외로움
푸른 하늘이 절음 안자 하니
어느새 떠나고 없는 텅 빈 고독
덩그런 눈망울 뚝 뚝 털 군 목숨 이방인처럼 서럽고
어둠이 짙게 깔린 밤
귓전에 흐르는 비린 영혼 하얗게 씻겨 탄다
골수에 뿌리 깊게 박혀 허물을 벗어버린 상념
늘 바닷가에 슬픔 한 점 가슴에 품고
헝클어진 머리 다독이며
가지런한 바람 그 입술이 쓸러 내린다
밤을 새우고 나면 여김 없이 동녘 하늘 태양이 솟고
긴 입맞춤으로 내 영혼 하루를 여는 시점
바다가 울기 시작할 때 나는 이미 울고 있었다.

# 나의 소망

까맣게 타들어가는 이 밤
나에 아버님 그 가슴에 눈물 흐르고
불빛 반짝이는 도심에
별 헤아리는 죄인
아들 심장엔 찬바람만 구슬피 울고 있습니다

당신만한 사랑이 있습니까
깊이 파인 주름살
자식에 내어준 고운 애정
수많은 기억 영상처럼 펼쳐지니
오늘따라 유난히 달빛도 붉게 타듯 아파합니다

아버님 살아생전에 얼마나 부를 수 있을지
병상에 누워계신 그 모습이 안쓰러워
창가에 걸친 별빛은
이 마음 시리게만 합니다

당신에 분신인 나는 눈물로
배회하며 깊어가는 밤
달빛 걸어가는 하늘 길 따라 울고
한 점 온기가 내 볼을 감쌀 때
당신 손길처럼 따스함이 언 심장을 녹이고 있습니다

당신을 보면 죄인인 나는
너무 가슴 아파 별들에 소원을 들어달라
소망처럼 빌며 애원하고 애원하며
어둠에 깔린 별 무리모아
지금 이 순간도 눈물은 흘립니다.

# 자유의 날개

자유로운 소망의 날개가 퍼덕인다
푸른 언덕에 집을 짓고
깊은 우물가에 둘러앉자
온몸으로 감싸주는 눈빛만으로 도
사랑하는 마음
성숙한 인생의 길 따라 바람은 왜 울까
자유 의미를 잃어버린 오후
가슴에 남아있던
스산한 몸살기를 맡기고
너의 빈자리를 애써 외면하고 섰지만
선뜻 돌아서서 널 다시 부른다
깊은 인연의 영혼을 불러 새우 듯
적막함이 밀려와도 우리에 사랑 얘기는
아련한 그림자 너머로
아름다운 행복의 날개로 가득 채운다.

# 인생

한 세월 모진 말굽 걸어
깃털 같이 타고나니
기쁨도 슬픔도

마지막 순간
다 비우고 가는 것 같아
마른자리 안자 꽃피우지

바람에 누워
영롱한 불빛 앞 새워 가는
하루하루

흰 구름처럼
홀연히 떠나는 세월
깊은 수심에 공존하고

심열로 달군
불꽃 같은 이 한 세상
어이 아니 쉬어 가겠나

피고 지는 삶의 유혹
두 근대는 사랑한 가슴으로
비밀리 씻겨 태운다.

# 저 언덕에 할아버지 계세요

따뜻한 고향산천 고운 햇살 들던 날
하늘에 봄은 아버님 반기시고
영원히 계실 곳 포근한 꿈나라
할아버님 할머님 사랑으로 맞이하셨습니다

영영 그곳 계시어 빛을 밝히옵고
늘 자손들의 가슴엔
사랑에 정 가득 흘러 나눌 수 있는
고향 정기 담아 삶에 지혜도 주십시요

언제나 죄인일 수밖에 없는 우린
안타까운 눈물뿐
항상 아픔은 가슴에 묻어 놓으시고
말이 없던 우리 아버님
당신이 없는 빈자리엔 사랑으로 살아갑니다

외손녀 세 살 난 여원이는
저 언덕에 할아버지 잠들고 계세요 라며
아는지 모르는지 당신의 사랑을 안으셨습니다
편히 단잠에 드시고 사랑의 빛이 되어 주세요

비바람 불거나 눈보라 휘날려도
방패막이 되어줄 할아버님 할머님
그리고 아버님
우린 이 땅에 별이 되고 빛이 되어 기리겠습니다.

# 꿈의 전설

저무는 석양에 전설이 서리면
바람 찬 날에는 꿈의 이름을 부르지 마오

단숨에 찾아와 한껏
내 가슴 데우며 달갑게 차고앉자
은은한 꿈속에 눈물로 필 터이니

언 들판에 삭정이 들어
따스한 햇볕이 노닐다 가는 한낮
녹였다 말리면 잔설이 숙성된 듯 보이고

영근 황혼 얼러 배어
번뜩이는 그 향기 가득 채워 담아
제 발로 온 밤을 거닐며 찾은 행복

감미로운 소원에 한 점 달빛이 어울리고
앗음 따다 꿈을 우려내며 하얗게 들어선 밤
난
떠나보내고 싶지않아

밝아오는 여명에 다다라
사랑은 영혼을 먹고 산다고 말하려 했다오

향기가 온 세상 여울고
꿈을 심는 영원한 전설처럼.

# 애련

운명의 시간도 없는 내겐
바람의 손끝만 스쳐도
간절한 소망, 비애로 나부끼는데
천길 수맥을 뚫고 솟아오른 상처마저
왜 이리 슬픈 비련의 세월 울릴까

노을빛 물든 아카시아 향기
말없이 애타는 가슴이야
오늘도 사랑의 손길 기다리는
간절한 기도로
황혼에 타고야 마는 운명처럼

춤추듯 여울진 달빛 시련에 물려도
고요히 잠든 까만 하늘엔
무언의 유언이 떠있나 보아야지
더러는 바람에 숨어 속삭여 주며
귓전에 맴도는 영혼의 숨소리 젖는데

언제나
고뇌의 가슴에 꽃처럼 피어 살고
동트는 아침에 눈을 뜨면
붉게 타오른 태양의 심장, 심지로 굳어
생명의 핏줄로 내 마음 태울까.

# 별 하나 되어

노을이 든다
저무는 날이야 상념에 젖고
깊어가는 이름 모를 밤
별빛 휘감긴
달이 찬 가슴에 취해였나

가을빛 물든 내 가슴
그리움만 쌓이고
고독한 운명을 마셨는지
흔들리는 갈잎처럼
너울너울 춤추는 사랑이여

황혼에 사려둔 별이 되어
행복에 잠이 들고
떠나는 세월 따라
가슴엔 붉은 꽃이 되리

손길을 건네며
운명처럼 다가온 인연
사랑의 불씨로
그대의 가슴에 별 하나 되어
이 밤 하염없이 빠져든다.

# 슬픈 고백

청산에 뜬달 부르지 마오
지금은 아니야 외면하는 하늘에 홀려
사랑했다 고백하는 메아리
내겐 너무 힘들어
지그시 눈 감아버린
별들의 슬픈 사연뿐이 야

망설이는 발걸음 유난히 버거워
등진 바람 길 따라
뒤돌아보면 허무한 세월 눈물짓고
슬픈 전설이 되어버린
나의 꿈
서럽고 서러워라
푸른 바다 거센 파도소리 듣지도 마오

고독하다 애원하는 우리임 영혼 같아
가슴 절리고

세상에 하나뿐인 널 사랑한 죄
미움도 아픔도 원망도 못해
외로이 떠도는 슬픈 고백
원죄를 사해 달라 푸른 하늘에 묻는다.

# 인연

청산에 가자 부르던 것을
고요히 흐르는 향기 찾아
말없이 흔들리는 계절
내일이면 곱게 단장한 가을이라 머물고
향긋이 웃는 꽃 바람에 잊지

뉘엿뉘엿 깃든 석양에 물든 인연
애타는 노을로 머무는데
임인 듯 반기는 달빛이 베어 물고
푸른 산야에 울던 뻐꾸기
구름 차고 미풍에 흘렀구나

오색 등불 밝히며 오실런가
하늘은 푸른데 마음이 시려와
지쳐 울던 바람 소리 밤새 사각이고
내일은 운명 청산에 가자, 저 별빛 따라
꿈을 먹고 임이 온 듯 반기려니.

# 햇님처럼

녹여 둔 햇살 아래 밝그란히 익힌 날
오시게나 가슴에 별을 묻고 살아보세
얼마나 그리워 날마다 붉은 눈물 쏟아내고
망망대해 떠도는 영혼, 삶에 전부

취해 나 볼까 어느 곁에 헤아려둔 사랑이야
슬픔도 행복도 몰라 낙엽은 천마를 잃고
새 마디 손가락마다
새겨진 실음은 인생의 파노라마
누가 가을이라고 했나 아롱 새겨둔 가슴

정처 없이 떠나는 그리움에 임을 업고
어이해 말도 못하는 삼신 아비께 비나이까
사랑하는 임이시여
가슴으로 조아리는 햇님처럼
두리 둥실 깊은 사랑으로 웃어나 보시구려.

# 안타까운 마음으로

영원할 그 순간
이별이란 예고편도 없어
더욱 가슴 아픈 날

말없이
한 떨기 꽃은 멍에 졌다

홀연히 떠나가는
구름 같은 인생

먼 훗날 추억이라 여겨 던
진실의 이야기들

그대의 가슴은 설화가 되고
숨 쉬는 고통쯤
사랑이라 여기면 되겠지.

## 그대와 나의 인생은

말없이 흐르는 세월 속에
추억 같은 눈물
하얗게 덧칠해 말린 운명에 살쪄도

그대와 나의 향기는
푸른 하늘에 실려 보낸 순정
한 세상 물들이는 영원한 사랑이고 싶다오

구름이 든다고
비가 내리진 않지만
폭풍이 지나고 맑은 햇살은 반겨 들듯이

마치 꽃 피우고
봄기운 돋는 날들은
청춘을 지닌 흔적으로 꿈속에 젖어들까

아름다운 삶의 여운
유람에 창조물 찾아드는 사랑이여
그리운 내내 그대와 나의 인생은 흘러간다오.

# 여심

천길 여심 흘러 흘러
홀로 지샌 그리움
각본 없는 인생의 여정에
구름처럼 떠도는
외로운 영혼 흔들지 마오

별빛 한 점 아리게 쏟아내고
이미 각인된 추억만이
벗하여 왔는지
사랑품은 실록의 푸른 향기
밤하늘에 가린 듯
여윈 바람 앞세우고

욕망이 불타는 무대 뒤로
상념에 사로잡힌 눈물의 향연
이슬처럼 젖어들까
마음에 섬긴 여심
가슴 한껏 품은 향기야
사랑해 황홀한 꽃으로 피어서.

## 눈이 내리는 밤

작은 등불처럼
하얗게 어둠 속에 피고
아련히 묻어나면
그리워 내려온다지

쓸쓸히 휘날리며
고운 향기 헤아려선
추억의 발자국 남기는 밤

사랑으로 날 오라 할 곳은
땅 위에 서리인 듯
선명한 너의 웃음으로
들판에 둘러앉자

하얀 달빛 보는 듯
기쁨에 하염없이
상념 속으로 젖어 들었구나.

# 하얀 눈

하얀 눈 내리시어
구름도 곱게
꽃으로 활짝 피우는지요

긴 호흡을 넘길 때마다
영혼을 떨치지 못해
꽃다운 이 밤
포근한 바람에 누워 버리고

소복이 쌓이는
하얀 사랑에 갇혀
울리고 간 그리움 이여도

아름다운 꽃같이
내려앉아
한 올 한 올 휘날리며
하얀 행복은
포근한 가슴에 빛이 되었다지요.

# 청산에 가시거든

바다같이 푸르고 푸르러서 배웅하는 민심
청산에 은빛 이슬로 눈물짓는다 하지 마십시오

붉은 노을로 물든 영혼을 지피고 가자
설화의 꽃으로 사랑하는 가슴의  피였으니

흠뻑 취한 달빛 차고 침묵하는 밤은
기신님 그리워서 초연한 하늘에 휩싸인 듯
청산에 불던 바람까지 향기 되어 흐르지 않습니까

돌아올 불꽃같은 혼, 임들의 사랑이라
영원한 봉화의 나라에 연화(演華)로 남으리니

온유한 청산에 가시거든
천상의 사랑 별빛에 흘려 행복을 들려주십시오

이승에 사랑의 가치를 일깨워 주신 당신께선
언제나
우리 마음에 향기로 이 배회하는 눈물 꽃이랍니다

이제 무거운 짐 벗어 던지고 편안히 잠드소서
대통령 노무현님 영원히 사랑합니다.

# 사랑해서 눈물로 보내 드립니다

왠지 모를 아픔이 가슴에 얹힌 지금
그저 흐르는 눈물을 주체할 수 없어
한잔 술에 꿈을 익힌
당신 따뜻한 가슴으로 울어봅니다
원망의 소린 드높고 운명이라 하기엔 가혹한 형벌
비열한 한숨 소리는 바람에 젖는
모든 것을 안고 가시는 당신은 진정한
이 땅의 주인이십니다

질풍노도와도 같고 거침없이 살아오신 그 길을
추모에 정으로 보내 드리기엔 너무도 힘들지만
진정한 사랑이 있기에 모든 것을
감내하는 민심은 영원한 눈물
일렁이는 꽃 같은 향기로 품 안에 재우시길 바랍니다
사랑이어서 더욱 아려 오지만
당신이 있어 행복한 것을
언제나 꿈의 전설로 이 땅에 빛이 되어
기릴 것입니다

사랑합니다
사랑해서 눈물로 보내 드립니다
노 무현 대통령님.

## 부엉이 바위

바람이 불던 날이면 괴로워 괴로워서
별빛 하늘 가슴에 새기 시였나요
하루하루 쌓여만 가는 눈물은 사랑의 결실
불꽃 같은 시름에 외로움 달랜 영혼으로
따뜻한 손길을 전하는 달빛향기에 살길 원했는지요

시녀와 똥개는 오늘도 무심한 고민에 들겠지만
여전히 양심의 가책으로 위선을 치장하려니
아픔을 달래어 보는 하늘도 서글피 운답니다
바람의 소용돌이가 국화꽃을 피우면
길이길이 남길 운명이라며
이 땅에 꽃을 피우시길요

차마 눈으로 볼 수 없는 부엉이 바위
아직도 선한 당신의 모습을 보면
가슴이 에이는 까닭은
미로를 헤매던 사랑의 숨결이랍니다
훈훈한 민심은 선명한 울부짖음으로
가시는 길 위에
영원한 사랑의 노래 들려 드립니다.

# 길

가자
되돌아올 수 없는
불의 나라면 어떠냐

황진이의 절개도
춘향이의 일편단심도

선녀의
꽃바구니에
한 사랑 피웠거늘

한 줌 재로 남길
마지막 꿈은
빈손에 흘리고 갈 여운

사랑을 까맣게
탄다 한들
해 떨어지겠는가.

시 해석편

# 사랑의 성장통, 그 불치의 이중구조

## -최류민의 시와 창조의 시학-

이상미(한성대학교 사회교육원 시창작과정 교수)

# 사랑의 성장통, 그 불치의 이중구조

## -최류민의 시와 창조의 시학-

이상미(한성대학교 사회교육원 시창작과정 교수)

시를 쓰는 행위는 천기누설이라고도 할 수 있다. 역설로, 쉽게 입으로 뱉어서는 되지 않는다는 것이다. 우주의 신비가 과학의 힘으로 도저히 닿지 않는다는 것은 당연한 한계이다. 우리가 해석하는 것들은 눈에 보이는 일상일 뿐 근원에 기인하는 것들은 무엇으로도 풀리지 않는다. 인체의 신비에서 머나먼 행성까지 사람들의 생각은 밤마다 수없는 광년을 달리지만 돌아오는 것은 허공 한 줌처럼 아무것도 잡히지 않는다.

최류민시인의 시를 읽으며 처음 떠오르는 것은 우주와 현실의 간극에서 아직도 살아남아있는 허무한 사랑의 실체였다. 늦은 밤 안산의 고요한 서재에서 처음 그를 대면하고 돌아오며 나는 노

출된 도시의 사랑에 늦도록 부끄러움을 느꼈다. 풋풋한 인상만큼이나 그의 가슴 저편에는 어쩌면 맑은 사랑의 신당이 차려져 있을지도 모른다고 생각했다.

## 『사랑의 궤도』

태양의 열기가 식어선
사랑한 궤도를 이탈 중이라면
어쩌리

운산 제 곁에 하얀 숨결들이
바람에 흩어져
거친 바다 위를 휘돌던
파도의 항변들로 우짖다가

심연에 든
고귀한 발아의 씨앗이야
깊은 잠이 든다 한들
또 다시
돌아올 애 옥에 눈빛 밝은데
조약돌이 움켜진
영혼의 회로도와 같이
진화론에 돋고
별 망 가지런히 달빛 부르튼들

자전의 그림자는
임 가슴 살며시 두드리며
존재를 알린 신성한 꿈으로
공존하는 틀 속에 갇혀 부재중인걸

사랑의 궤도 따라
눈물만 흘리던 비밀의 문 열고
나도 어느새
그
이 품에 앓고 있음을 어찌할까나.

-『사랑의 궤도 전문』-

시를 쓰는 일은 시인이 선택한 사랑의 또 다른 형벌일지도 모른다. 과거와 현재가 공존하는 순간의 장르인 시처럼 그의 시는 형체 이전의 근원을 현재의 시제로 잘 풀어내고 있다. 차분하면서도 시종일관 고요한 목소리톤을 유지하면서 스스로 순리에 의해 현재의 궤도를 이탈하고 있다. 우주의 피조물에 지나지 않는 생명체들에게 자연의 순리는 바꿔 놓을 수 없는 본능이상이다. 그러나 마음의 귀를 기울여보면 무수히 많은 미립자들이 그의 삶 경계에서 아우성을 치는 것을 들을 수 있다. 흘러가는 것이 우주의 순리라는 것은 그 역시도 부인 할 수 없는 이치지만 사람들에 의해 손이 많이 탄 사랑의 주제가 더 이상 신비가 아니라는 편견을 작품을 통해 과감히 일러 주고 있다.

『자전의 그림자는
임 가슴 살며시 두드리며
존재를 알린 신성한 꿈으로
공존하는 틀 속에 갇혀 부재중인걸』

위의 시 5연은 텅 빈 충만에 관해 피력을 하고 있다. 우주는 비워있는 듯 채워져 있고 있는 듯 없다. 사람의 자리 또한 그러하지 않겠는가? 한 동안 내 눈에 머물던 태양과 별빛도 채 하루를 못 채우고 자리이동을 하는데 하물며 사람의 일이 어찌 영원 할 수 있으랴. 하여 시인은 공존과 부재의 이중구조를 시적화자를 통하여 잘 드러내고 있다.

## 『사랑의 약속』

사각 이는 꿈을 베어 물고
까치의 영혼으로도 잊지 않으리
꿀처럼 달콤한 이 행복
햇살 아래 노닐다 가는 사랑의 향연
쌓여만 가는 향기같이
찬바람에도 아름답게 여민 한 가슴인걸

긴 밤 지새도록 모락모락 피어올라
둥근 달처럼 살다간 그리움
약속이 여울이며
한 자락 구성지게 읊고 가는 메아리
깊은 향수에 젖어
꽃 같은 향기로 임 사랑 반길까

꽃길 깔아놓은 마음 따라 어찌 가려나
바람도 구름도 따르니
그리운 약속은 가고 있겠지
행복한 감성으로 그대 미소 볼수록 좋아
오고 가는 길목마다
사랑의 가슴으로 풀어 놓아야지.

－『사랑의 약속 전문』－

예술가의 입장에서 보면 모든 예술의 목적은 자기 표현이다. 문학도 마찬가지이다. 즉, 여러 각도에서 정의한 예술의 심리적 거리는 예술작품과 감상자, 곧 시와 독자와의 관계라는 공통된 기반에서 출발한다. 그런 점에서 비추어 볼 때 시인은 독자를 고려하지 않을 수 없다. 그러므로 창작과정에서 이미 독자가 관여하고 있다고 해도 과언이 아니다.
위의 작품에서 우리는 내용과 형식의 동일성이 독자와의 거리를 이루는 한 전형을 볼 수 있다.
특히 이 시는 심리적 거리의 절묘한 간격에서 리듬의 양식화를 이루고 있다고 할 수 있겠다. 더불어 이 작품의 시제가 전부 미래형이라는 점도 주목해 볼 일이다. 더구나 여기서 말하는 미래가 허구적인 미래라는 점에서 더욱 독자와의 간격은 좁혀지고 있다. 허구라는 지켜지지 않을 약속으로 사랑이 작품 속에서 완성된다는 작가의 깊은 메시지가 시 속에 숨어있다고 할 수 있겠다.

## 꽃이 피면

긴 세월 따라 온정이 들면
잠재된 의식 속에 추억인양 에워 사는
바람 같은 인연도
우리네 인생 사랑이라 치면 어떠냐

태초의 그리움조차 석양빛 물들고
무심의 본능인 듯
열진 달그림자 품에
원초적 꿈결같이 부드럽게 어울려선

허허로이 백발이 된 사연들로
은빛 이슬처럼 아스라이 구른다 해도

느낌의 햇살로 다가선 감성
텅 빈 상념의 가슴속으로 피어 들며
오롯이 성근 바람들이
사랑한 비밀을 씻겨 가슴에 담고

미지의 세상을
신비롭게 살아갈 아름다운 꿈인지도 몰라
아낌없이
미련없이 외 돌며 주고 가는.

– 『꽃이 피면 전문』 –

인간적 관점으로 사물들을 보면 우리는 의식적이

든 무의식적이든 일반적으로 그 사물들에 어떤 서열의 질서를 부여한다. 여러 사물들 중 가장 가치 있다고 생각하는 것도 있고 별로 가치를 느끼지 않는 것도 있다. 그래서 인간적인 관점에서 본 가치의 서열에 따라 사물에는 어떤 서열이 생기기 마련이다.

시인이란 이런 가치 기준의 서열을 배반하는 사람이라고 할 수 있다. 최류민의 작품 '꽃이 피면'의 전문은 시인으로서의 탄탄한 감성을 보여주기에 조금도 부족함이 없다 하겠다. 우선 바람과 햇살, 이슬 등이 사랑보다 훨씬 이전에 존재함으로써 인간적 시점이 글 속에 배제되어있다. 이 시점에 의해서 가치의 서열이 바뀌게 되는데 이것으로 인해 실제 존재하지 않는 사랑이 실제의 살아있는 현실과는 너무나 동떨어진 시적 제재를 형성하게 된다. 이 신비한 원리가 시인의 시각에 의해 존재하게 되고 이것이 또한 시인만이 누리는 특권이라 할 수 있겠다.

## 작은 꿈

작은 꿈속에 들어와
잠 못 들게 하던 것은
그 땅 위에 떨어져
씨앗으로 심는
그리움 이였습니다

한 줄기 빗소리에
지쳐버린 양지마다
어스레한 달그림자로 눕고
사랑에 가벼워진 삶
나의 일상이 되어 버린 지금

하루를 짊어지는
햇살을 이고
작은 호숫가에 앉아
파문을 일으키는 행복
나의 삶과 작은 꿈입니다.

－『작은 꿈 전문』－

언어는 소리의 의미가 일체를 이룬 것이다. 언어의 음악성이나 의미는 홀로 고립 될 수 없으며 두 요소가 하나로 되어 시의 경이를 이룬다. 언어의 형식면에서 볼 때 시는 소리의 연속이요 소리의 구조다.

그리움의 소리는 결코 들리지 않는다. 그러나 시인의 상상력 속에서 그리움은 파문을 일으키는 소리로 들린다. 이 은밀한 장면과 청각적 이미지에 그리움을 대비시킨 참신한 결합으로 시인은 그리움의 정서를 아주 효과적으로 환기시키고 있다. 정서란 원래 주관적이며 개인적이다. 이미지가 환기하는 정서가 신선감을 주는 이유도 이 주관성에 있다. 시인은 그리움이란 대상을 특수한 관점으로 보고 있으며 그 대상에는 시인의 주관적 관점이 착색되어 있다. 이렇듯 시인의 특수한 시각과 주관적 정서를 통해 우리는 시인의 세계에 대한, 또는 인생에 대한 태도를 엿 볼 수 있게 되는 것이다.

작품을 탈고하고 나면 시인은 한 동안 허무함에 시달리게 된다. 마치 산후 우울증과도 같은 증세일 것이다. 이제 그의 작품들은 작가의 손을 떠나 자율성으로 인정받게 될 것이다. 첫 시집의 가슴 벅차고 찬란한 순간이 최류민시인의 가슴에 오래 초심으로 머물기를 바란다. 첫 시집 상재를 축하하며 늘 정진하는 작가가 되기를 바란다.

# 시와 창조

2010년 6월 23일 1판 1쇄 초판 인쇄
2010년 6월 30일 1판 1쇄 초판 발행

지은이 : 최류민
펴낸이 : 윤기영
펴낸곳 : 도서출판 현대시선

등록 제387-2006-00017호
본사: 서울시 동대문구 장안동 381-8호
070-5766-8233 (삼보명성A동 비102호
지사: 경기도 부천시 원미구 원미동 147-12호 3층
02-844-5756 팩시밀리 02-831-5832
이메일 : hapoem55@hanmail.net



정가 : 8000원
ISBN 978-89-92687-20-1-03810